NOS VIEUX

PRINCIPES LÉGITIMISTES

EN REGARD

DES ÉLECTIONS D'AOUT-SEPTEMBRE 1893

PARIS

LIBRAIRIE RETAUX-BRAY

VICTOR RETAUX ET FILS, SUCCESSEURS

82, RUE BONAPARTE, 82

1894

NOS VIEUX

PRINCIPES LÉGITIMISTES

EN REGARD

DES ÉLECTIONS D'AOUT-SEPTEMBRE 1893

ÉMILE COLIN — IMPRIMERIE DE LAGNY

NOS VIEUX

PRINCIPES LÉGITIMISTES

EN REGARD

DES ÉLECTIONS D'AOUT-SEPTEMBRE 1893

PARIS

LIBRAIRIE RETAUX-BRAY

VICTOR RETAUX ET FILS, SUCCESSEURS

82, RUE BONAPARTE, 82

—

1894

NOS VIEUX
PRINCIPES LÉGITIMISTES

EN REGARD

DES ÉLECTIONS D'AOUT-SEPTEMBRE 1893

PROLOGUE

1. Que le lecteur qui voudra bien lire les lignes qui suivent se rassure sur leur titre !

Nous ne voulons pas un passé qui jamais ne revient.

Mais on ne se rend pas compte, généralement, de deux contraires qui coexistent dans la nature sans se détruire, je veux parler de la stabilité et du changement.

De même que les époques successives du genre humain se diversifient par leurs costumes et leurs caractères ; de même, à travers tous ces changements, un type identique avec lui-même, demeure, c'est celui de l'humanité.

Ainsi en est-il des principes : les faits humains varient, disons-nous, à l'infini ; et néanmoins, malgré leurs dissemblances, s'ils ne rentrent pas dans certains cadres déterminés, les sociétés s'ébranlent, les cataclysmes politiques fondent sur elles.

Telle est l'histoire unanime du genre humain.

Parmi ces cadres, le premier qui se présente sous le rapport social est celui de — l'HONNÊTE. — Les anciens stoïciens l'appelaient le plus grand bien. (*Summum bonum, id est honestum.* — Voir Cicéron sur ce sujet.)

2. Notre France moderne a cru pouvoir, depuis un siècle, se livrer à un changement continuel ; elle a passé par tous les régimes politiques et toutes leurs nuances ; un ministère responsable dans nos dernières années n'a pas pu durer au-delà de quelques mois. On avait d'abord aboli les titres de noblesse. (Assemblée nationale du 4 août 1889.) Noblesse oblige ! disaient nos preux chevaliers : ils faisaient entendre par là que la vie humaine ne peut pas être autre chose qu'une perpétuelle jouissance ; qu'elle a ses devoirs à remplir, devoirs qui ne sont pas toujours sans âpreté et sans exiger notre abnégation.

L'intention de ce travail n'est pas de rappeler les privilèges. La France féodale, issue d'invasions barbares dans l'Empire romain, avait besoin de réformes ; mais au lieu des privilèges de l'honneur, n'a-t-on pas élevé les privilèges de l'argent ?

N'en a-t-on pas vu les tristes et récents effets ?

Je ne veux pas me faire l'accusateur de mon pays. Si la France est prompte dans ses écarts, elle n'est pas moins énergique à en revenir. Son salut, à l'heure qu'il est, dépend de la maturité qu'aura pu lui donner l'expérience. On vante avec raison le bon sens français, et c'est à cette qualité de notre tempérament que je crois devoir adresser les réflexions qui me sont venues sur les principes nécessaires de la société humaine, et sur les hommes qui, dans notre temps, les ont le mieux fait valoir parmi nous.

PREMIÈRE PARTIE

I

LES PRINCIPES LÉGITIMISTES

1. Nous lisons dans Timon (ouvrage de M. de Cormenin, Paris 1847), à l'article Berryer : « La Chambre est pour les députés légitimistes une petite église qui a ses dogmes invariables..... sa liturgie, ... et où ils chantent ensemble les louanges de leur seigneur et maître..... » On sait que la devise de la royauté légitime était « le Trône et l'Autel. »

Mais l'auteur ne s'est-il pas trompé lorsque, après des termes enthousiastes, après avoir dit : « Oui, depuis Mirabeau, personne n'a égalé Berryer..... », il ajoute en finissant ;

« Quel dommage que Berryer, qu'un si puissant orateur, ne combatte pas dans nos rangs, à la tête du parti populaire?..... Comment ne comprend-il pas que le principe de la souveraineté du peuple est le seul vrai, le seul que la raison avoue, le seul que l'avenir de toutes les nations glorifiera? »

2. Or, le temps a marché depuis cette époque ; les révolutions ont bouleversé notre pays ; une invasion formidable a couvert son sol de ruines et de sang. Le bonheur du peuple n'était-il pas, au contraire, dans la sécurité de ces dogmes que défendait Berryer ; lesquels ne préjudicient aucunement à la souveraineté du peuple qui, pour être un ensemble d'hommes, n'est pas moins assujetti qu'un seul homme, qu'un roi, aux principes qui régissent le monde?

L'auteur ne le sentait-il pas lui-même lorsqu'il écrivait :

« Mirabeau était assiégé de murmures au point d'en être interrompu. Au contraire, Berryer parle au milieu d'un silence attentif et en quelque sorte respectueux. . . . .
Il subjugue l'Assemblée, il se la soumet comme le magnétisé qu'on fait à volonté parler, se taire,.....; mais aussi dès que le magnétisé se réveille, le charme est rompu. De même, lorsque l'Assemblée s'ébranle et descend de ses gradins pour aller voter, *l'intérêt matériel, les principes et les passions reprennent le dessus.* . . . . »

Voilà le malheur ! lorsqu'une voix éloquente nous fait entendre la vérité, cette vérité nous captive dans le moment même ; mais quand la voix a cessé, on n'en garde pas généralement les bonnes impressions, on se laisse retomber dans ses habitudes et les passions qui ont pris l'empire de notre vie.

II

Pour répondre à cette question, ouvrons la biographie de Firmin Didot dont les appréciations sont reconnues sérieuses et citons-en quelques lignes :

« Royaliste sûr et très dévoué, M. Berryer appartient à ce groupe peu nombreux, mais éminent, des amis de la nouvelle monarchie (la Restauration), qui voulaient concilier ses droits avec le développement des principes de 89. Partisan de la liberté de la presse, il prêta l'appui de sa parole au *Journal des Débats*, etc.

» Après la révolution de Juillet, M. Berryer vit avec regret son parti se retirer en masse des deux Chambres et se condamner à un isolement politique absolu. . . . .

» Dès le 7 août 1830, il avait dénié à la Chambre, réduite à 219 membres, le droit de donner une nouvelle Constitution à la France.

. . . .

» L'homme qui, en 1824, défendait contre ses amis la liberté de la presse et l'indépendance politique.....; cet homme devait être sincère quand, le 4 octobre 1830, il réclamait l'application du jury aux délits de presse..... ; le 2 février 1831, l'extension des franchises municipales, et notamment la nomination des maires par les électeurs communaux ; le 25 février de la même année, l'élargissement des droits électoraux et l'abolition du cens...

... Le célèbre discours dans lequel il défendit l'hérédité de la pairie fonda définitivement sa puissance oratoire : c'est que dans ce discours, il s'éleva au-dessus de toutes les considérations de parti, de toute opposition du moment, pour ne voir que l'intérêt durable et permanent de la monarchie représentative en France, quel que fut le monarque. »

La souveraineté du peuple ne peut, selon la saine raison, aliéner son propre bonheur ; et ce dernier point ne peut se réaliser au milieu de révolutions, d'agitations incessantes.

Le bonheur du peuple ne peut se passer de stabilité dans les institutions.

Mais voyons quel était ce maître lui-même, ce roi des légitimistes mentionné par M. de Cormenin (§ 1), et auquel ils avaient donné leur foi politique?...

II

HENRI V

Le comte de Chambord, pour les légitimistes, n'a jamais été autre chose que le roi; c'était le représentant en droit de la monarchie française.

Profitant de la trêve des partis qui suivit nos désastres de 1870-1871, il vint habiter quelques jours ce château historique, acquis par une souscription nationale qui lui en avait fait don, et dont il avait pris le nom par reconnaissance envers son pays (1); et il y écrivit ce manifeste plein de générosité et de grandeur d'âme où nous lisons ces nobles paroles :

« Français,

» Je suis au milieu de vous.

» Vous m'avez ouvert les portes de la France, et je n'ai pu me refuser le bonheur de revoir ma patrie.

» Mais je ne veux pas donner, par ma présence

(1) On sait que le titre qui lui avait été attribué à sa naissance était celui de duc de Bordeaux.

prolongée, de nouveaux prétextes à l'agitation des esprits, si troublés en ce moment.

» Je quitte donc ce Chambord que vous m'avez donné, et dont j'ai porté le nom avec fierté, depuis quarante ans, sur les chemins de l'exil.

» En m'éloignant, je tiens à vous le dire, je ne me sépare pas de vous, la France sait que je lui appartiens.

» Je ne puis oublier que le droit monarchique est le patrimoine de la nation, ni décliner les devoirs qu'il m'impose envers elle.

» Ces devoirs, je les remplirai, croyez-en *ma parole d'honnête homme et de roi.*

» Dieu aidant, nous fonderons ensemble et *quand vous le voudrez,* sur les larges assises de la décentralisation administrative et des *franchises locales, un gouvernement conforme aux besoins réels du pays.*

Nous donnerons pour garantie à ces *libertés publiques* auxquelles tout peuple chrétien a droit, *le suffrage universel* HONNÊTEMENT PRATIQUÉ *et le contrôle des deux Chambres, et nous reprendrons en lui restituant son caractère véritable le mouvement national de la fin du siècle dernier.* »

Il faudrait citer jusqu'au bout ce chevaleresque langage.

« Je suis prêt », dit le prince en terminant, « à tout pour aider mon pays à se relever de ses ruines et à reprendre son rang dans le monde ; le seul sacrifice que je ne puis faire, c'est celui de mon honneur.

» Je suis et veux être de mon pays ; je rends un

sincère hommage à toutes ses grandeurs, et, quelle que fût la couleur du drapeau sous lequel marchaient nos soldats, j'ai admiré leur héroïsme et rendu grâce à Dieu de tout ce que leur bravoure ajoutait au trésor des gloires de la France.

» Entre vous et moi, il ne doit subsister ni malentendu, ni arrière-pensée.

» Non, je ne laisserai pas, parce que l'ignorance ou la crédulité auront parlé de privilèges, d'absolutisme ou d'intolérance, que sais-je encore?..... je ne laisserai pas arracher de mes mains l'étendard d'Henri IV, de François Ier et de Jeanne d'Arc.   .   .

.   .   .   .

» Français,

» Henri V ne peut abandonner le drapeau blanc d'Henri IV.

» HENRI.

» Chambord, 5 juillet 1871. »

DEUXIÈME PARTIE

I

LE DRAPEAU DE LA FRANCE

1. Henri V est mort dans son exil ; dernier descendant sans postérité de la branche aînée des Bourbons, son drapeau a disparu avec lui.

N'en saluons pas moins ce grand caractère dans le passé ! La véritable grandeur ne réside pas dans le faste du pouvoir qui l'a entourée ; autrement, il faudrait l'attribuer à des Néron et Caligula.

Nous saluons aussi, dans leur souvenir, ce drapeau blanc et ce lis immaculé qui furent les emblèmes de la France !

Mais n'a-t-on pas dit alors : — Si les hommes meurent, les principes restent ?

Voyons donc si ces principes de légitimité dans les idées et la conduite de l'homme, ne peuvent pas demeurer sous le drapeau tricolore.

2. Le drapeau tricolore, malgré les défaites qui ont

2

signalé nos dernières phases militaires, a pris une prépondérance marquée sur le monde moderne ; d'autres nations ont imité nos couleurs (1).

Cette question appelle notre étude.

L'opinion admise est que le drapeau tricolore fut adopté chez nous en 1789, en joignant la couleur blanche de la royauté aux couleurs bleue et rouge de la ville de Paris.

Voici sur nos emblèmes nationaux quelques renseignements recueillis dans un ouvrage par M. Rey (Paris, 1837).

« De temps immémorial, les drapeaux ont eu un langage ; non seulement ils ont servi de signaux... mais on est convenu que leur érection ou leur couleur dans telle circonstance donnée signifierait quelque chose. » (Tome I, livre V, chap. xi.)

Histoire du bleu.

« Nous avons dit précédemment que le premier étendard de nos aïeux était bleu, ou parce qu'on avait voulu, en adoptant cette couleur, perpétuer le

(1) Drapeaux tricolores : France ; Belgique ; Italie, vert, blanc et rouge, pavillon royal diffère ; Russie, pavillon de commerce ; Bolivie (Amérique) jaune, rouge et vert, avec écusson blanc et bleu au milieu ; Etats-Unis, carré bleu à étoiles blanches en haut contre la hampe, le reste en six bandes blanches alternant avec sept rouges, formant les bords ; Mexique, vert, rouge et blanc, écusson au milieu ; Nouvelle Grenade, rouge, bleu et jaune avec écusson ; Océanie, Iles Sandwich, bleu, blanc et rouge, à dispositions variées. Hollande, ancien drapeau de Louis-Philippe, mais avec écusson au milieu. (*Atlas universel d'histoire et de géographie* par M.-N.; Bouillet, Paris, Hachette, 1865.)

souvenir de la belle action de saint Martin qui partagea son manteau bleu avec un pauvre, ou pour une autre raison que nous donnerons plus tard. Or, cette raison n'est autre que celle de la qualité du saint évêque, et puisqu'il est honoré comme confesseur de la foi, la couleur des ornements de l'abbaye qui était sous son invocation et surtout celle de la bannière devait être bleue. Il est écrit dans les règlements d'anciennes églises : *In festis sanctorum Martini, Benedicti, Lupi et aliorum confessorum, ornamenta cœrulei coloris* (1). . . . .

(Bullet, *Dissert. sur le bleu de nos rois*).

Nous avons dit les causes de la dévotion des premiers chrétiens à saint Martin et de l'extension qu'elle prit parmi ceux des Gaules. On pourrait presque ajouter qu'elle s'accrut encore du penchant de la nation pour le bleu.

Si lorsque les Francs vinrent s'établir en deçà du Rhin, ils n'y portèrent pas un goût déjà prononcé pour le bleu, du moins ils le contractèrent dès leur arrivée dans leur nouvelle patrie, et il ne serait pas surprenant qu'ils y aient été poussés par le désir de se rendre agréables aux vaincus, ainsi que l'a cru Bullet. (*Dissert. sur le bleu de nos rois*. Tome II, livre XI, chap. ii).

» Les enseignes ont été de deux sortes : sainte ou profane, de politique ou de dévotion. . . . . .

Après sa mort (saint Martin), arrivée en 400, la bannière de l'abbaye de Marmoutiers, près de Tours,

____

(1) Dans les fêtes des saints Martin, Bénédict, Loup et autres confesseurs, les ornements sont de la couleur du ciel.

nommée chape de saint Martin, acquit tant de célébrité entre toutes les autres, que de simple ornement
de procession, elle s'est insensiblement élevée à
l'honneur de dominer sur toutes les enseignes militaires de la France.

. . . .

Une histoire manuscrite de Touraine, citée par Da-
niel, fait mention d'un sceau de 1205, époque où
l'oriflamme de saint Denis avait déjà remplacé la
chape, et sur lequel on lit d'un côté le nom d'un
Echinard, baron de Preuilly, penonfer de Saint Martin, et on voit de l'autre la représentation de l'étendard du saint, fendu et à trois pointes... » (Tome I,
livre III, chap. i.

. . . .

Histoire du rouge.

« S'il est une idée naturelle à l'homme, c'est sans
contredit celle qui lui fait attacher à la vue du sang
la signification de la guerre, et réciproquement à la
pensée de la guerre celle du sang qu'elle fait verser.
. . . . Il y eut un autre titre auquel les rois se vêtirent de rouge. » La pourpre a toujours été une marque de souveraineté. (Chap. v.)

. . . .

Histoire du blanc.

Le blanc est la couleur qui réunisse au plus haut
degré toutes les conditions de pureté et de perfection

soit dans l'ordre physique et moral, soit dans l'ordre religieux et politique. Selon les lois de la physique, c'est un corps, s'il est permis de s'exprimer ainsi, dont la surface réfléchit les rayons de la lumière sans la décomposer. . . . . . . La première lueur qui le matin se manifeste à l'orient est blanche ; c'est l'aube du jour, c'est le blanc pur.

. . . .

« . . C'est la cause pourquoy Galli (ce sont les Françoys, ainsi appelez parce que blancs sont naturellement comme laict, que les Grecs nomment γαλα), volontiers portent plumes blanches sur leurs bonnetz ; car par nature ils sont joyeulx, candides, gratieux. . . . . Et pour leur symbole et enseigne ont la fleur plus que nulle autre blanche, c'est le lys. » (Rabelais. l. I, ch. x). . . . .

La robe blanche de l'Eglise est une expression figurée qui rend bien l'idée de la sainteté et de l'autorité de l'Eglise universelle. . . . .

. . . .

Enfin le pape, chef de la loi nouvelle, porte le blanc comme le souverain pontife de l'ancienne loi. (F. Portal, *des Couleurs symboliques*, 43.)

. . . .

Et s'il est devenu chez nous la couleur spéciale du généralat, c'est parce qu'il était déjà, pour nos glorieux ancêtres, la marque de leur suprématie sur les autres peuples. »

Sans contrôler en détail les assertions contenues dans cet ouvrage, il n'est pas douteux que nos trois

couleurs ne soient réellement nos couleurs nationales, qu'elles sont de date très ancienne et se sont
imposées à la nation naturellement plus que par un
choix volontaire.

Et s'il est permis de regretter le drapeau blanc, qui
réfléchissait la lumière, on voit que tous les partis
politiques en France peuvent suivre le tricolore qui est
pour tous un signe légitime de ralliement.

II

EMBLÈME DU DRAPEAU TRICOLORE OU DE L'UNION DE NOS TROIS COULEURS.

Si nous extrayons les principaux traits fournis par les explications qui précèdent, nous remarquons :

1° Que le bleu est la couleur céleste, c'est-à-dire de la voûte azurée qui paraît s'étendre au-dessus de nous. C'est dans les profondeurs de cet infini que s'élance la pensée humaine, tandis que les animaux ne font que brouter la terre. Que dit-on d'un homme de génie? Qu'il a des pensées élevées. Le bleu est donc l'emblème qui convient à l'esprit.

2° Inutile d'insister sur le blanc après les explications déjà données. Nous devons considérer le blanc comme la représentation de tout ce qui est éclairé, de tout ce qui satisfait l'existence : de tout ce qui est le bien, en un mot.

3° L'emblème du rouge est saisissable à la première considération.

Mais dans les facultés intellectuelles de l'homme, il y a aussi une trinité.

Il y a : 1° l'intelligence qui comprend ; 2° le sentiment moral, qui aspire vers le bien, qui constitue la foi ; 3° l'activité de l'âme qui, en ce qui dépend de nous, se traduit par notre volonté.

Si donc le bleu est regardé comme emblème de l'intelligence, le blanc comme emblème du bien auquel adhèrent nos convictions : le rouge, qui est la couleur de notre sang, couleur entretenue par le mouvement vital de nos organes intérieurs ; le rouge, dans sa signification symbolique, représentera notre activité au point de vue intellectuel.

Le tricolore, — Bleu, Blanc, et Rouge — est donc précisément l'image de l'âme humaine dans le fonctionnement de ses facultés principales : il faut d'abord penser ; puis sentir ce qui est bien, s'en pénétrer ; enfin l'exécuter.

Et remarquons de plus que la disposition des couleurs dans notre drapeau répond exactement à cette opération mentale. C'est le bleu qui tient à la hampe, le bleu de l'intelligence, et la hampe représentant l'être (le substratum, comme dit la philosophie) ; puis vient le blanc au milieu pour la direction, et le rouge à l'extrémité pour l'exécution.

Evidemment, d'après l'étude du paragraphe qui précède, ce raisonnement n'a point précédé l'adoption de nos trois couleurs ; elles se sont placées dans nos enseignes par la force des choses et comme par besoin.

Elles n'en ont que plus de valeur, et marquent à notre nation une destinée qui est de marcher en tête de la civilisation des peuples.

Mais à nous, aussi, de bien comprendre cette destinée ; de ne point la compromettre par nos emportements, par nos imaginations exagérées !

III

1. On sera peut-être étonné de voir intervenir le nom de cet homme d'Etat dans un traité des Principes légitimistes.

Mais, si nous nous rappelons qu'à l'ouverture des débats de l'Assemblée nationale à Bordeaux, lorsque la France était sous l'oppression d'une armée ennemie victorieuse, M. Thiers fit appel à l'apaisement des partis politiques pour reconstituer le pays et le replacer à son rang ; si nous avons admis que le drapeau tricolore, comme image de l'unité humaine dans ses facultés principales, est un symbole de concorde, nous reconnaîtrons facilement que par l'union des forces nationales dans cette grande œuvre qu'il sut accomplir, M. Thiers servit nos intérêts légitimes dans leur plus vraie acception.

Ce qui brouille nos idées, c'est que nous nous formons des intérêts particuliers dans lesquels nous plaçons notre cause principale.

Rien n'est plus juste que ces intérêts lorsqu'ils sont loyalement conçus ; mais si dans l'intérêt général leur réalisation est impossible et que nous y restions exclusivement attachés, les tiraillements divers qui en sont les conséquences n'aboutissent qu'au désordre public.

Quelle conscience éclairée n'applaudirait pas au langage que M. Thiers tint à la séance du 8 juin 1871, (l'Assemblée siégeant alors à Versailles), c'est-à-dire quelques jours après que l'insurrection de Paris y eut fait des monceaux de ruines, et tandis qu'un fier étranger foulant encore notre sol lui imposait un tribut de cinq milliards? En voici quelques fragments :

« ..... Tous les jours je me demande si ma conduite est suffisamment exacte, régulière, légale, loyale. . .   .   .

. .   .   .

Eh bien, je l'affirme devant vous : je ne suis pas sorti, je ne sors pas des conditions du pacte qui a été passé entre vous et moi quand j'ai accepté de vos mains le lourd fardeau des affaires publiques.

. .   .   . Vous avez accordé à la République le fait, rien que le fait ; mais vous le lui avez accordé . .   .   .

. .   .   .

Mais, je vous en conjure, pensez bien aux devoirs que ce pacte nous impose, à nous, les dépositaires de l'autorité sous votre contrôle de tous les jours et de toutes les heures. . .   .   .

J'ai pensé toute ma vie au gouvernement que mon pays pouvait souhaiter, et, si j'avais eu le pouvoir, qu'aucun mortel n'a jamais eu, j'aurais donné à mon pays ce que, dans la mesure de mes forces, j'ai travaillé quarante ans à lui assurer, sans pouvoir y réussir : la monarchie constitutionnelle de l'Angleterre ! Je veux que vous me connaissiez tout entier ; je ne veux flatter aucun parti ; je veux dire la vérité telle qu'elle est pour moi, telle qu'elle m'est apparue.

Eh bien, oui, messieurs, je trouve qu'on est libre à Washington, .et qu'on y fait de très grandes choses ; mais je trouve aussi qu'on est également libre à Londres, et, qu'on me permette de le dire, plus libre peut-être qu'à Washington.   .   .   .   .   .

.   .   .   .

Eh bien, voici ma conviction : il y aurait à s'abuser sur la situation un incalculable danger. Quelle a été notre pensée à tous, à Bordeaux ? C'est celle-ci : il y a deux tâches à remplir ; une qui nous unit, une qui nous divise. Heureusement la tâche qui nous unissait était urgente ; la tâche qui nous divisait pouvait être différée.

.   .   .   .

Quant à la nécessité de confier l'administration à d'honnêtes gens profondément amis de la liberté, mais *sachant le prix de l'ordre ;* quant à la nécessité de rétablir le crédit, de commencer une politique qui n'effrayât pas l'Europe, nous sommes tous d'accord, tous, excepté ces extrêmes qu'on appelle des excentricités.

Eh bien, je vous avais dit à Bordeaux : Réunissons-nous tous pour accomplir cette grande œuvre de la réorganisation du pays. . . . .

Vous avez accepté ce pacte ; c'était un pacte de bon sens, et jusqu'ici il nous a réussi. . . . . .

. . . .

On dit que quelquefois je gouverne dans le sens, non pas de la monarchie, mais de la République.

Ah ! messieurs, je respecte toutes les convictions,

. . . .

. . . . ; le fait qu'on m'a livré, que j'ai accepté en dépôt, c'est la République : je ne trahirai pas la République ! L'avenir, que vous avez voulu réserver, c'est celui de la monarchie ; je ne ferai rien contre cet avenir ; l'avenir ne me regarde pas ; c'est le présent seul qui m'impose des devoirs. . . .

. . . .

..... Il y a une portion de cette Assemblée qui a été nommée par des électeurs monarchiques et qui a la foi monarchique ; eh bien, elle a eu la sagesse, la prudence de ne pas vouloir céder à ses préférences, et elle a permis, elle permet tous les jours que je m'appelle le chef du pouvoir exécutif de la République française. Quel acte de sagesse plus grand attendiez-vous de sa part ? . . . .

. . . .

Aujourd'hui, messieurs, nous avons obtenu la trêve des partis. Dès lors quel est mon devoir ? C'est de faire par la justice, entre vous tous, que cette trêve dure le plus longtemps possible, et, laissez-moi l'ajouter, si cette trève pouvait devenir une paix perpétuelle, faudrait-il nous en affliger ?

. . . .

Croyez-moi bien, si la monarchie doit se relever en France, — avenir que je ne veux pas sonder ; il serait très imprudent à moi si je pouvais y pénétrer de vous dire ce que je vois ; non, je ne le ferai pas ; — mais si la monarchie doit se relever dans le pays, elle n'aura qu'une raison, à mon avis, qui puisse faire taire le parti républicain, ce sera de pouvoir lui dire : « La République a été respectée pendant qu'elle existait : l'essai en a été fait loyalement. »

Et si, l'essai ayant été loyalement fait et n'ayant pas réussi, les républicains veulent vous demander encore la République, vous pourrez leur répondre au nom de la raison, au nom de l'expérience : « L'épreuve est faite ; la République est impossible ! »

. . . .

. . . .

En ce moment... je ne suis pas un gouvernement, je ne suis qu'un administrateur temporaire, le dirai-je, non pas de la fortune publique, mais de l'infortune publique. . . . .

. . . .

Nous sommes tous, à des degrés divers, victimes du grand malheur public de notre pays. Je le suis comme vous, mais de plus, je suis esclave de ce malheur ; lorsque la fatigue me saisit je m'arrête ; mais je me dis que je dois à mon pays la continuation de mon dévouement. Mais, encore une fois, croyez-le bien, je vous adjure de le croire, j'ai besoin que vous le croyiez, je n'ai été animé que de sentiments que je puis avouer devant vous, devant l'histoire, devant mon pays, devant Dieu. »

. . . .

(*Journal officiel* du vendredi 9 juin 1871).

2. Cette trêve des partis était difficile à garder indéfiniment. Le radicalisme républicain réclamait passionnément une affirmation plus entière de ses idées, la presse surexcitait l'opinion publique, le pays fermentait ; et cet état de choses n'était pas sans impressionner le Président de la République lui-même.

La majorité conservatrice de l'Assemblée nationale, inquiète de l'avenir, fit passer la Présidence de la République, le 24 mai 1873, des mains de M. Thiers en celles du maréchal de Mac-Mahon.

Il semblait qu'une épée était plus puissante que cette parole féconde qui s'épuisait en vain. Le héros de nos guerres d'Afrique, de Crimée et d'Italie, malheureux contre l'Allemagne, mais parce que les forces militaires mises à sa disposition avaient été trop faibles, paraissait être une meilleure garantie.

Mais il devait être trop faible aussi contre les idées ; ce n'est pas une épée, quelque vaillante qu'elle soit, qui triomphe des idées d'un peuple.

Le maréchal résolut un coup d'Etat en prononçant, par décret du 25 juin 1877, la dissolution de la Chambre des députés. Mais la Chambre revint aux élections du mois d'octobre suivant avec une nouvelle majorité républicaine. Le radicalisme prit sa revanche envers les partis contraires, et le maréchal se vit obligé de donner sa démission par message du 30 janvier 1879.

Thiers, par la position qu'il avait prise entre les monarchistes et les républicains, ne fut apprécié favorablement ni par les uns ni par les autres. Pour les républicains, ce n'était qu'un routinier imbu des idées de la monarchie bâtarde de 1830 qu'il avait servie ; et pour les monarchistes, c'était un révolutionnaire dont les sophismes du raisonnement ne faisaient qu'entraver la bonne cause.

L'Histoire, impartiale, dira que le 17 mars 1873, c'est-à-dire deux ans et quelques semaines après la conclusion de la paix avec l'Allemagne, l'Assemblée nationale décréta que M. Thiers avait bien mérité de la patrie pour la libération du territoire et la sécurité qui lui avait été rendue.

TROISIEME PARTIE

I

LE PAPE LÉON XIII

Lorsqu'une parole éloquente, telle que celle de Berryer; lorsque l'autorité royale d'un prince magnanime, comme Henri V; lorsque la raison sagace d'un Thiers, et l'épée glorieuse d'un Mac-Mahon; lorsque tous ces moyens humains, en un mot, sont restés sans prépondérance décisive sur le sens moral d'un peuple, faut-il désespérer de lui? et aucune voix ne pourra-t-elle se faire entendre sur ses destinées?

Or, il reste toujours une voix plus puissante que les voix humaines, c'est celle de la religion.

C'est ce qu'a compris le sage et clairvoyant Léon XIII, souverain pontife actuel de la Religion catholique, dans les nombreuses Lettres-Encycliques qu'il a adressées au monde contemporain et particulièrement à la France.

1. — Dans l'Encyclique du 16 février 1892, nous

lisons (ce sont les premiers termes) : « Au milieu des sollicitudes de l'Eglise universelle, bien des fois, dans le cours de notre Pontificat, nous nous sommes plu à témoigner de notre affection pour la France et pour son noble peuple.

Et aujourd'hui encore, Nous croyons opportun, nécessaire même, d'élever de nouveau la voix pour *exhorter* plus instamment, Nous ne dirons pas seulement les catholiques, mais tous les Français honnêtes et sensés *à repousser loin d'eux tout germe de dissentiments politiques, afin de consacrer leurs forces à la pacification de leur patrie.* Cette pacification..... Nous..... la désirons plus que personne, puisque nous représentons sur la terre LE DIEU DE LA PAIX. . . . . . (page 3). . . . .

Avant tout, prenons comme point de départ une vérité notoire, souscrite par tout homme de bon sens et hautement proclamée par l'histoire de tous les peuples, à savoir, que la religion, et la religion seule, peut créer le lien social; que seule elle suffit à mainten'r sur de solides fondements la paix d'une nation. . . . . (page 3). . . . .

Or la moralité, dans l'homme, par le fait même qu'elle doit mettre de concert tant de droits et tant de devoirs dissemblables, puisqu'elle entre comme élément dans tout acte humain, suppose nécessairement Dieu, et, avec Dieu, la religion, ce lien sacré dont le privilège est d'unir antérieurement à tout autre lien, l'homme à Dieu. En effet, l'idée de moralité implique avant tout un ordre de dépendance à l'égard

du vrai, qui est la lumière de l'esprit ; à l'égard du
bien qui est la fin de la volonté : sans le vrai, sans le
bien, pas de morale digne de ce nom. . (page 4).

. . . .

... Sur ce point, entre hommes qui n'ont pas perdu
la notion de *l'honnête,* aucune dissidence ne saurait
subsister. . . . . (page 5). . . . . . .

... Il est évident que la Religion catholique, par le
fait même qu'elle est la vraie Eglise de Jésus-Christ,
possède plus que toute autre l'efficacité voulue pour
bien régler la vie, dans la société comme dans l'individu. En faut-il un plus éclatant exemple ? La France
elle-même le fournit. — A mesure qu'elle progressait
dans la foi chrétienne, on la voyait monter graduel-
lement à cette grandeur morale qu'elle atteignit,
comme puissance politique et militaire. . (page 5).

. . . .

Or l'histoire d'un peuple révèle d'une manière in-
contestable quel est l'élément générateur et conserva-
teur de sa grandeur morale. Aussi, que cet élément
vienne à lui manquer, ni la surabondance de l'or, ni
la force des armes, ne sauraient la sauver de la déca-
dence morale, peut-être de la mort. Qui ne comprend
maintenant que, pour tous les Français qui professent
la religion catholique, la grande sollicitude doit être
d'en assurer la conservation ; et cela avec d'autant
plus de dévouement, qu'au milieu d'eux le christianisme devient, de la part des Sectes, l'objet d'hostilités
plus implacables ? Sur ce terrain, ils ne peuvent se
permettre ni indolence dans l'action, ni division de

partis ; l'une accuserait une lâcheté indigne d'un chrétien, l'autre serait la cause d'une faiblesse désastreuse.
. . . . . . (page 6). . . . .

. . . .

Divers gouvernements politiques se sont succédé en France dans le cours de ce siècle, et chacun avec sa forme distinctive : Empires, Monarchies, Républiques. En se renfermant dans les abstractions, on arriverait à définir quelle est la meilleure de ces formes, considérées en elles-mêmes ; on peut affirmer également en toute vérité que chacune d'elles est bonne, pourvu qu'elle sache marcher vers sa fin, c'est-à-dire le bien commun, pour lequel l'autorité sociale est constituée ; il convient d'ajouter finalement qu'à un point de vue relatif, telle ou telle forme de gouvernement peut être préférable, *comme s'adaptant mieux au caractère et aux mœurs de telle ou telle nation.* Dans cet ordre d'idées spéculatif, les catholiques, comme tout citoyen, *ont pleine liberté* de préférer une forme de gouvernement à l'autre, précisément en vertu de ce qu'*aucune de ces formes sociales ne s'oppose par elle-même aux données de la saine raison.* Et c'en est assez pour justifier pleinement la sagesse de l'Eglise. . . . . . (pages 9 et 10). . . . . . .
(1) . . . .

______

(1) Léon XIII, dans les appréciations qui précèdent, a pu se souvenir de ce passage de la Bible, lorsque les Israélites, jusqu'alors gouvernés par des juges et par conséquent en république, demandèrent un roi au prophète Samuel :

« Congregati ergo universi majores natu Israel, venerunt ad Samuelem in Ramatha. »

Seule, l'Eglise de Jésus-Christ a pu conserver et conservera jusqu'à la consommation des temps, sa forme de gouvernement. Fondée par celui qui ÉTAIT, QUI EST, ET QUI SERA DANS TOUS LES SIÈCLES. . . . .
. . . . (p. 12) . . . .

. . . .

Et comment viennent à se produire ces changements politiques dont nous parlons ? Ils succèdent parfois à des crises violentes, trop souvent sanglantes, au milieu desquelles les gouvernements préexistants disparaissent en fait ; voilà l'anarchie qui domine ; bientôt l'ordre public est bouleversé jusque dans ses fondements. Dès lors UNE NÉCESSITÉ SOCIALE s'impose à la nation ; elle doit sans retard pourvoir à elle-même.

« Dixerunt que ei : . . . . constitue nobis regem, ut judicet nos, ... »
« Displicuit sermo in oculis Samuelis, ...
. . . . Et oravit Samuel ad Dominum. »
« Dixit autem Dominus ad Samuelem ; audi vocem populi in omnibus quæ loquuntur tibi : . . . . »
(*Liber primus Regum*. Cap. IX, v. 4, 5, 6, 7.)
(Tous les anciens d'Israël par la naissance, s'étant donc rassemblés, vinrent à Samuel dans Ramatha.
Et lui dirent : Constituez-nous un roi afin qu'il nous rende la justice.
Ce discours déplut aux yeux de Samuel, et Samuel pria le Seigneur.
Mais le Seigneur dit à Samuel : Ecoute la voix de ce peuple en toutes les choses dont il te parle, — « in omnibus quæ loquuntur tibi. »
La souveraineté du peuple est dans les principes de la religion catholique.
Ce n'est donc qu'une illusion de croire que ce principe ne date que de 89.
On pourrait dire que c'est — le libre arbitre des nations.

. Comment n'aurait-elle pas le droit, et plus encore le devoir de se défendre contre un état de choses qui la trouble si profondément et de rétablir la paix publique dans la tranquillité de l'ordre ? (p. 12 et 13). (Typ. M. Schneider, 185, rue de Vanves. Paris.)

2. Encyclique du 15 mai 1891 sur la condition des ouvriers :

« La soif d'innovations qui, depuis longtemps, s'est emparée des sociétés et les tient dans une agitation fiévreuse devait, tôt ou tard, passer des régions de la politique dans la sphère voisine de l'économie sociale. . . . . (page 1) . . . .

. . . .

LES SOCIALISTES, pour guérir ce mal, ... prétendent. . . . . . que les biens d'un chacun doivent être communs à tous et que leur administration doit revenir aux municipalités ou à l'Etat. . . . . Mais pareille théorie, loin d'être capable de mettre fin au conflit, ferait tort à l'ouvrier si elle était mise en pratique. D'ailleurs, elle est souverainement injuste, en ce qu'elle viole les droits légitimes des propriétaires, qu'elle dénature les fonctions de l'Etat et tend à bouleverser de fond en comble l'édifice social. (p. 5) . . . .

De fait, comme il est facile de le comprendre, la raison intrinsèque du travail entrepris par quiconque exerce un art lucratif, le but immédiat visé par le travailleur, c'est de conquérir un bien qu'il possédera en propre et comme lui appartenant. . . . .

. . . . Si donc, en réduisant ses dépenses, il est arrivé à faire quelques épargnes, et si pour s'en assurer la conservation, il les a par exemple réalisées dans un champ, il est de toute évidence que ce champ n'est pas autre chose que le salaire transformé : le fond ainsi acquis sera la propriété de l'artisan au même titre que la rémunération même de son travail. Mais qui ne voit que c'est précisément en cela que consiste le droit de propriété mobilière et immobilière? Ainsi, cette conversion de la propriété privée en propriété collective, tant préconisée par le socialisme, n'aurait d'autre effet que de rendre la situation des ouvriers plus précaire, en leur retirant la libre disposition de leur salaire et en leur enlevant par le fait même tout espoir et toute possibilité d'agrandir leur patrimoine et d'améliorer leur situation. (p. 6 et 7.)

. . . .

. . . .

Cependant ces droits (les droits de l'individu à la propriété privée), qui sont innés à chaque homme pris isolément, apparaissent plus rigoureux encore quand on les considère dans leurs relations et leur connexité avec les devoirs de la vie domestique. . .
. . . . Aucune loi humaine ne saurait enlever d'aucune façon le droit naturel et primordial de tout homme au mariage, ni circonscrire la fin principale pour laquelle il a été établi par Dieu dès l'origine. Croissez et multipliez. (*Crescite et multiplicamini.* (Gen. 1, 28.) Voilà donc la famille, c'est-à-dire la so-

ciété domestique, société très petite, sans doute, mais réelle et antérieure à toute société civile, à laquelle dès lors il faudra, de toute nécessité, attribuer certains droits et certains devoirs absolument indépendants de l'Etat. (p. 14, 15.)

. . . .

La nature impose au père de famille le devoir sacré de nourrir et d'entretenir ses enfants . . . .

. . . . de se préoccuper de leur avenir et de leur créer un patrimoine, qui les aide à se défendre, dans la périlleuse traversée de la vie, contre toutes les surprises de la mauvaise fortune. Mais ce patrimoine pourra-t-il le leur créer sans l'acquisition et la possession de biens permanents et productifs qu'il puisse leur transmettre par voie d'héritage? (p. 15, 16.)

. . . .

Vouloir donc que le pouvoir civil envahisse arbitrairement jusqu'au sanctuaire de la famille, c'est une erreur grave et funeste. Assurément s'il existe quelque part une famille qui se trouve dans une situation désespérée et qui fasse de vains efforts pour en sortir, il est juste que dans de telles extrémités le pouvoir public vienne à son secours, car chaque famille est un membre de la société. De même, s'il existe quelque part un foyer domestique qui soit le théâtre de graves violations des droits mutuels, que le pouvoir public y rende son droit à chacun. Ce n'est point là usurper sur les attributions des citoyens, c'est affirmer leurs droits, les protéger, les défendre comme il convient. Là, toutefois, doit s'arrêter l'action de ceux qui président à la chose publique : la nature leur interdit de dépasser ces limites. L'autorité paternelle ne saurait être abolie, ni absorbée par l'Etat, car *elle a sa source là où la vie humaine prend la sienne.*

. . . .

De ce que LES FILS SONT NATURELLEMENT QUELQUE CHOSE DE LEUR PÈRE... ILS DOIVENT RESTER SOUS LA TUTELLE DES PARENTS JUSQU'A CE QU'ILS AIENT ACQUIS L'USAGE DE LEUR LIBRE ARBITRE (1). Ainsi, en substituant à la providence paternelle, la providence de l'Etat, LES SOCIALISTES vont CONTRE LA JUSTICE NATURELLE, et brisent les liens de la famille. (p. 17, 18, 19.)

. . . .

. . . .

Le premier principe à mettre en relief, c'est que l'homme doit prendre en patience sa condition ; il est impossible que dans la société civile, tout le monde soit élevé au même niveau. Sans doute, c'est là ce que poursuivent LES SOCIALISTES ; mais contre la nature tous les efforts sont vains. C'est elle, en effet, qui a établi parmi les hommes des différences aussi multiples que profondes ; différences d'intelligence, de talent, d'habileté, de santé, de forces ; différences nécessaires, d'où naît spontanément l'inégalité des conditions. Cette inégalité, d'ailleurs, tourne au profit de

---

(1) « Filii sunt naturaliter aliquid patris ; . . . Ante quam usum liberi arbitrii habeant ; continentur sub parentum cura. » S. Thom. ii, ii. Quæst. x, art. xii.

tous, de la société comme des individus : car la vie sociale requiert un organisme très varié et des fonctions fort diverses . . . (p. 22.) . . . . . .

. . . .

. . . .

La vie du corps, . . . quelque précieuse et désirable soit-elle, n'est pas le but dernier de notre existence ; elle est une voie et un moyen pour arriver, par la connaissance du vrai et l'amour du bien, à la perfection de la vie de l'âme. C'est l'âme qui porte gravées en elle-même l'image et la ressemblance de Dieu ; c'est en elle que réside cette souveraineté dont l'homme fut investi quand il reçut l'ordre de s'assujettir la nature inférieure et de mettre à son service les terres et les mers (1). . . . .

A ce point de vue, tous les hommes sont égaux ; point de différence entre riches et pauvres, maîtres et serviteurs, princes et sujets ; ils n'ont tous qu'un même Seigneur (2). (p. 59, 60.) (Imprimerie E. Petithenri, 8, rue François Ier, Paris.)

____

(1) « Replete terram et subjicite eam : et dominamini piscibus maris et volatilibus cœli et universis animantibus quæ moventur super terram. » Gen. 1-28.

(2) « Nam idem Dominus omnium. » Rom. x, 12.

II

LES DROITS DE LA PHILOSOPHIE SUR LA SOCIÉTÉ CHRÉTIENNE

1. Ces enseignements du Souverain-Pontife parurent d'abord, par leur caractère philosophique, inopportuns à plusieurs en France ; on ne comprenait pas parfaitement que le chef de la religion catholique, étranger comme homme au pays, voulût nous instruire dans nos affaires civiles.

Mais en outre de l'autorité que lui confère la foi religieuse, Léon XIII possède indéniablement le droit qui appartient à tout homme d'exprimer sa pensée dans les questions morales.

Remarquons d'abord, dans les extraits qui viennent d'être cités, que le Pape ne commande pas au point de vue politique, il exhorte : « Nous croyons opportun, nécessaire même », dit-il dans l'*Encyclique* du 16 février 1892, « d'élever de nouveau la voix *pour exhorter plus instamment.....* »

Ses *Lettres Pontificales* reposent sur une philosophie profonde.

2. — Il n'est pas rare de rencontrer des opinions qui ont l'air de s'étonner, se scandaliser même, de ce que la religion catholique se proclame seule et vraie religion ; ses droits sont cependant bien clairs :

1° Parce que le christianisme a régénéré le monde ;

2° Parce qu'il a donné aux nations européennes qui l'ont embrassé la suprématie sur les autres nations du globe ;

3° Parce que, seul enfin, le catholicisme est d'accord dans son unité avec les principes du monde reconnus par les premiers et plus anciens philosophes : en sorte que toutes ces données constituent une vérité unique qui domine le monde depuis les commencements de son histoire.

Léon XIII a traité spécialement de la philosophie chrétienne dans cette Lettre si remarquable où il la recommande selon l'esprit de saint Thomas d'Aquin, « *ad mentem sancti Thomæ Aquinatis ;* » saint Thomas, surnommé le docteur angélique pour sa douceur conciliante, sa pénétration et ses exposés méthodiques que l'Eglise a toujours proposés aux sciences humaines en union avec la foi.

Passant en revue les apologistes et docteurs du christianisme qui ont recueilli les renseignements que la vérité a laissés dans le monde et ont démontré que cette divine vérité n'est qu'une dans tous les temps, mais qu'elle ne reçut tout son éclat

que par la prédication de l'Evangile, Léon XIII cite,
entre autres, Clément d'Alexandrie qui, dépouillant
le vieil Hermès égyptien des erreurs que le paganisme y avait mêlées, prouva que la doctrine de
la sagesse était antérieure à la Grèce, qu'aucune société humaine n'avait pu se constituer sans cela, que
le fond primitif d'où la lumière intellectuelle avait
jailli sur l'âme humaine n'est autre que la révélation
première ; c'est-à-dire que la sagesse créatrice, en
formant l'homme avec une intelligence et le sentiment du bien, lui avait nécessairement donné les
notions voulues par son existence même et sa destinée : que les anciens Egyptiens avaient gardé ces
vérités théologiques avec solennité dans leurs sanc-
tuaires jusqu'à ce que le paganisme les y eût insensiblement altérées, jusqu'à ce que le souvenir s'en
éteignît à peu près par l'effet du temps et une per-
versité croissante.

Et si nous rapprochons de l'histoire profane les
Ecritures des Hébreux, nous voyons que c'est lorsque s'étant laissés corrompre par les idolâtries,
vaincus, menés captifs ou dispersés par les Assyriens et Babyloniens, le temple de Jérusalem détruit,
c'est-à-dire du septième au sixième siècle avant l'ère
chrétienne, lorsque la loi divine oubliée, l'univers
était en proie aux ambitions des héros et toutes les
calamités de la guerre : ce fut alors que Thalès,
considéré comme premier philosophe, et ainsi que
les autres sages et législateurs de cette Grèce antique
destinée par la Providence divine à devenir le foyer

de la civilisation et des arts ; ce fut alors qu'ils allèrent puiser auprès des prêtres de l'Egypte, et en présence des descendants d'Israël qui s'y étaient réfugiés, ces lumières qui les aidèrent à réformer leur sagesse et constituer leurs lois.

3. — Les historiens de la philosophie, généralement, ne sont pas complets, ni peut-être sincères, sur ces origines. (Le surnaturel effraie notre pensée, et nous en détournons volontiers la vue, quoi qu'il nous enveloppe de toutes parts, sans que nous puissions nous y soustraire.)

Ils nous représentent la raison humaine avec Thalès et les autres philosophes qui le suivirent, comme succédant par une sorte de transition brusque aux temps fabuleux, et ils relèguent de cette façon, parmi les mythes, les principes primordiaux du monde.

Ils ne considèrent pas qu'avant les Grecs, les Egyptiens, les Assyriens et autres peuples orientaux, avaient déjà des arts attestant une civilisation avancée ; que nous ne pouvons en douter en présence des merveilles que les fouilles modernes ont transportées dans nos musées ; que cette civilisation enfin ne pouvait avoir été sans philosophie, et que s'il ne reste aujourd'hui de leurs doctrines que des données vagues, comme l'Hermès égyptien, *ces données n'avaient point cette incertitude* pour les premiers philosophes dont le temps nous a conservé la mémoire et les œuvres, *lorsqu'ils allèrent les étudier à leurs plus antiques dépôts.*

C'est particulièrement à l'égard des écoles d'Italie que cette inadvertance historique est manifeste. L'école d'Elée est taxée d'idéale, parce qu'elle proclame l'unité divine contre le polythéisme païen. Ce sont pourtant ces Eléates et Pythagoriciens, par leurs spéculations sur le premier principe avec ses trois aspects et sur l'harmonie des nombres, qui ont établi les bases des sciences mathématiques, sans lesquelles aucune science ne saurait exister, puisque rien ne peut nous être connu sans nombre ni mesure.

Ce n'est point là de l'idéal, c'est de la science la plus positive.

On omet d'observer que si la première école, surnommée école d'Ionie, ne s'appliqua qu'aux sciences physiques, d'où les quatre éléments : l'eau, l'air, le feu et la terre, prirent leur antique célébrité; ce furent des Ioniens : Pythagore (de Samos), Xénophane (de Colophon), qui furent les fondateurs des écoles métaphysiques, quand les philosophes quittèrent les rivages de l'Asie-Mineure adonnés à la mollesse et la volupté, pour une terre plus vigoureuse, et que s'élevant au-dessus des causes secondes ils allèrent jusqu'aux premiers principes.

4. — L'opinion qui s'est formée sur ce que l'on est convenu d'appeler *idéalisme* en philosophie, est venue des ouvrages de Platon; lequel ne fut cependant que le fondateur de l'Académie, c'est-à-dire de cet institut qui recherche, qui rassemble les œuvres remarquables de l'homme au point de vue du talent,

sans exclusion précise à l'égard des idées. Ce n'est point là, en propres termes, la négation des vérités de principe.

Pour rectifier cette opinion, écoutons quelques mots de Parménide dans Platon lui-même :

« Lors donc, reprit Parménide, qu'une chose ressemble à l'idée, est-il possible que cette idée ne soit pas semblable à sa copie dans la mesure même où celle-ci lui ressemble ?.....

» Il est donc impossible qu'une chose soit semblable à l'idée ni l'idée à une autre chose ; sinon, au-dessus de l'idée il s'élèvera encore une autre idée... Tu vois donc, Socrate, *dans quelles difficultés on tombe lorsqu'on établit des idées existant par elles-mêmes...* » (Traduction de Victor Cousin.)

Quel est donc ce premier principe supérieur aux idées humaines ? Le philosophe le considère d'abord sous le rapport de l'unité :

« Si l'un existe, il n'est pas multiple ?... Il n'a donc pas de parties, ce n'est pas un tout ?. . . . .

» Si donc l'un n'a pas de parties, il n'aura non plus ni commencement, ni fin, ni milieu, car ce seraient là des parties... L'un est donc illimité... Et il n'a point de figure, puisqu'il n'est ni rond ni droit. . . . . . .

» Or, ce qui est un, indivisible, et ne participant aucunement de la forme du cercle, ne peut pas être touché..... »

Ce n'est cependant pas le néant :

« Si l'un est, se peut-il qu'il soit sans participer de l'être ? Ne devons-nous pas reconnaître l'être de l'un comme n'étant pas la même chose que l'un ?. . . .

Ainsi nous voulons dire que *est* signifie autre chose que *un*... » (Traduction de Victor Cousin.)

L'interprète de l'Unité éléatique développe ensuite les conséquences de cette double signification avec la finesse qui le caractérise, à savoir : Que l'Unité et l'Etre étant inséparablement unis, il faut nécessairement ajouter le rapport de l'un à l'autre, ce qui fait le nombre trois.

On a ainsi, avec *l'unité*, le nombre *deux*, premier nombre pair ; et le nombre *trois*, premier nombre impair ; et des combinaisons entre l'un, le deux et le trois, par addition, multiplication et puissances numériques, sortent tous les nombres.

Et se manifestent tous les êtres, puisque chaque unité si simple qu'elle soit, et toute partie même invisible dans les composés, ne peut être considérée sans l'être.

Puis, il ajoute :

« L'un est donc à la fois *un* et *plusieurs*, tout et parties, limité et illimité en nombre... en sorte que *l'un est nécessairement et en lui-même et en quelque chose d'autre que lui-même.* » (*Le Parménide*, Tome XII, page 45. Paris, 1822.) — (Traduction de Victor Cousin.)

L'Etre en principe, — *l'Ego Sum* — de l'Écriture, est autre en lui-même que dans ses créations.

C'est là, dit l'opinion contemporaine, de la philosophie transcendante qu'il ne nous importe pas de connaître : la pratique de la vie suffisant à nos besoins.

Soit pour les choses matérielles ! mais, pourrions-nous répondre, pensez-vous qu'en ce qui concerne l'intelligence, nous puissions nous représenter, dans la pratique même, quoi que ce soit sans l'unité ? Un homme n'est-il pas un ? Un animal, un végétal, un minéral, pareillement ? Tout objet, simple ou composé, n'est-il pas toujours *un* dans son *harmonie*, aussi bien que dans sa *simplicité ?*

Si nous considérons l'unité abstractivement, elle n'est nulle part ; et cependant, elle est à la base de tous les êtres, elle en est l'universel principe ; il faut donc nécessairement que cette puissance unique, cette Toute-Puissance, soit autre chose dans sa propre nature que dans les êtres qu'elle a créés.

En vain veut-on dire que toutes ces choses ne sont que dans notre esprit, qu'elles n'en manifestent que les lois, que nos conceptions en soi sont indémontrables à nous-mêmes !... *Or, si elles n'appartenaient pas à un principe de vérité, elles ne seraient rien, et l'être ne serait pas en nous.*

La Religion catholique n'a nullement emprunté à une conception grecque la Trinité divine, lorsqu'elle nous montre en Dieu le Père cette Puissance mystérieuse, infinie, qui est le Souverain-Bien ; en Dieu le Fils, l'Être engendré éternellement, qui se communique, qui crée : l'Intelligence divine ; en Dieu le Saint-Esprit, la multiplicité des dons répartis aux êtres créés : ce sont les Elohim des Hébreux, comme l'Unité en trois des Eléates ; ce sont les principes mêmes de toutes choses, que personne sur cette terre n'a inventés, qui n'ont point d'autre origine que dans l'Etre suprême et souverain dont la nature est l'ouvrage.

5. — Sur de telles bases, Sa Sainteté Léon XIII pouvait, devait dans les circonstances actuelles du Monde et sans le moindre risque, invoquer les Docteurs et Apologistes du Christianisme, les Clément d'Alexandrie, Justin, Origène, Tertullien, etc., etc., qui retirèrent de l'Ancien, comme du Nouveau Testament, ainsi que des spéculations philosophiques de l'Antiquité païenne, les vérités primordiales de l'existence de l'homme : Saint Augustin à qui semble appartenir la palme entre tous (omnibus veluti palmam præripuisse visus est Augustinus); saint Anselme, saint Bonaventure : « Saint Thomas, qui réunit ces éléments, les classa dans un ordre admirable et les enrichit tellement qu'on le considère lui-même, à juste titre, comme le défenseur spécial et l'honneur de l'Eglise..... (1) ».

Les encycliques de Léon XIII sont puisées à cette source vive où, suivant ses propres expressions, la vie humaine prend la sienne. (Enc. sur la condition des ouvriers.)

(1) « Jam vero inter Scholasticos Doctores, omnium princeps et magister, longe eminet Thomas Aquinas ;..... Illorum doctrinas, velut dispersa cujusdam corporis membra, in unum Thomas collegit et coagmentavit, miro ordine digessit, et magnis incrementis ita adauxit, ut catholicæ Ecclesiæ singulare præsidium et decus jure meritoque habeatur... (Imprimerie de Saint-Augustin, Bruges, page 21.)

III

LA RÉVOLUTION

1. On a fait un étrange abus de ce mot parmi nous.
Si nous prenons le terme dans sa signification propre,
il ne désigne que le changement du temps. L'astro-
nomie nous parle de la révolution des planètes autour
de leur point central. Et c'est ainsi que s'opère la
succession des années : la terre tournant autour du
soleil, lui présentant tour à tour son hémisphère boréal
et son hémisphère austral, fait succéder l'été à l'hiver
et réciproquement ; et quoique ce mouvement soit toujours uniforme, ses effets varient sans cesse : nous
avons des années sèches, d'autres humides, quelquefois plus de chaleur et quelquefois moins ; les produits
du sol sont tantôt abondants et tantôt dans la disette,
plus succulents ou plus dépourvus de saveur.

Les événements de cette vie ne sont pas moins va-
riables et souvent imprévus.

C'est ce qui fait dire au proverbe : « Nos jours se
suivent et ne se ressemblent pas. »

L'esprit public se donne passionnément à ces changements, surtout aux époques où les inventions matérielles produisent de grandes améliorations dans la vie sensible, et provoquent une séduction qui y fait voir en image un parfait bonheur.

De là des excès, et quelquefois d'immenses catastrophes politiques.

L'humanité, malgré les progrès industriels de notre époque, est toujours souffrante. Nous n'avons, mon Dieu! pour nous en convaincre, qu'à déplier nos feuilles quotidiennes et y lire tant d'accidents, d'événements lugubres, qui épouvantent parfois des contrées tout entières. Autour de nous, les maladies, les morts prématurées, plongent les familles dans le vide et la tristesse.

Lorsque les hommes sont gâtés par les jouissances, ils ne veulent plus entendre ces vérités.

Où est ce souverain bien dont vous nous parlez? s'écrient-ils.

Pour s'étourdir, il leur faut sans cesse des fêtes bruyantes qui les empêchent de penser à la réalité.

Or, la Religion, et la saine doctrine de la vie parfaitement d'accord avec la religion, nous enseignent que le souverain bien de l'homme sur la terre ne consiste pas dans une perpétuelle jouissance, mais, au contraire, à prendre en patience des maux inévitables.

La Religion chrétienne, seule, nous donne le sens de cette énigme indéchiffrable pour la faiblesse de notre raison : c'est parce que l'homme, en se séparant volontairement de Dieu, a déchu, par sa faute, du bonheur auquel il était primitivement destiné.

L'homme, en poursuivant le bonheur par ses propres efforts, ressemble à ce Tantale de la fable, dont l'eau fuyait sans cesse les lèvres et le rendait incapable d'étancher les ardeurs de sa soif.

Depuis un siècle, nous avons essayé en France tous les genres de gouvernement sans communiquer par cela aux nations qui nous environnent le goût de cette instabilité.

Et nous rêvons encore un bien-être chimérique !

C'est ce qui fait dire au pape Léon XIII que — le premier principe à mettre en relief, *c'est que l'homme doit prendre en patience sa condition.* — (Enc. sur la cond. des ouvriers, p. 22.)

L'impatience, au contraire, nous fait ériger en un principe nouveau, sous le terme de « Révolution » ce qui ne se rapporte qu'au changement inhérent aux choses de ce monde, mais découlant toujours d'une puissance supérieure et immuable ; le monde a ses âges comme les êtres vivants, le temps en apporte les développement successifs.

2. La Révolution chez nous a eu un point juste et un point faux.

En s'attaquant à la Royauté, elle visait aux institutions que la féodalité, issue des invasions des Barbares, avait établies en Europe ; ces réformes, utiles, nécessaires, pouvaient se faire, comme le fait entendre Henri V dans son manifeste de Chambord (partie Ire, 3), sans renverser la Royauté nationale ; mais le torrent entraîna le faîte avec les bases de l'édifice.

Ces réformes, pour mettre les institutions civiles au diapason de la vie moderne, c'était le point juste.

Mais les passions, lorsqu'elles brisent tout frein, ne distinguent plus le bon d'avec le mauvais ; et la religion fut regardée dans son principe même comme une simple institution des hommes qui devait disparaître, presque la première.

C'était le point faux.

S'aliéner du Souverain-Bien !..... que faire de bon après ?....

Saint Augustin s'exprime ainsi sur le Bon ou Bien en soi :

— Tu n'aimes certainement que le bon parce que la terre est bonne..... et bonne ta maison... et bon l'homme juste..... etc..... etc. Quoi, plusieurs et plusieurs ? Ce bien-ci et ce bien-là : enlève ceci et cela, et vois le bon en lui-même, si tu peux ; ainsi tu verras Dieu..... Nous ne dirions pas parmi tous ces biens, que l'un est meilleur que l'autre, lorsque nous jugeons dans le vrai, si la notion du bon en soi n'était pas imprimée en nous (1). »

____

(1) « Non amas certe nisi bonum, quia bona est terra..... et bona domus..... et bonus vir justus..... etc....., etc..... Quid plura et plura ? Bonum hoc et bonum illud : tolle hoc et illud, et vide ipsum bonum, si potes ; ita Deum videbis. . . . . Neque enim in his omnibus bonis,..... diceremus aliud alio melius cum vere judicamus, nisi esset impressa notio ipsius boni..... » (August.; *De Trin.*. lib. oct., cap. iii, 4.)

3. C'est ce Bien, ce Bon en soi, que représentait le drapeau blanc de la France lorsqu'elle était toute à sa foi envers Dieu, ainsi que nous l'avons étudié partie II, § I; et aujourd'hui que la société humaine a besoin d'un travail plus terrestre, c'est encore ce blanc qui occupe le milieu de nos trois couleurs.

La Trinité, nous venons de le voir au paragraphe précédent, est imprimée dans toute la nature comme sceau du Principe des choses; nos trois couleurs en sont l'image. Elles sont la représentation de l'âme humaine dans ses trois principales facultés; mais l'âme humaine, c'est la Genèse de Moïse qui nous le dit, est faite à l'image de Dieu.

4. Quelle signification définitive donnerons-nous donc à notre drapeau tricolore? Sera-t-il l'emblème du principe universel? mais, alors, la Religion catholique, qui est la Religion de l'unité en trois, sera, avant tout, respectée. Ou bien sera-t-il un emblème exclusivement humain, l'emblème de l'homme en révolte vis-à-vis de son principe? Alors, nous glissons dans le rouge, dans les passions du cœur de l'homme qui, déliées de tout frein, n'aspirent plus qu'à la destruction de toutes choses ! ! !

IV

La neutralité sur les principes de la conscience humaine a été prise dans ces dernières années comme étant la devise qui convient à l'État; lequel, étant la réunion de tous les citoyens, ne peut, en conformité avec l'esprit de la civilisation, s'abstenir de les accep-ter et les concilier malgré leurs opinions divergentes.

Cependant, si cette neutralité est poussée à ses conséquences radicales, elle devient funeste, étant alors une négation positive sur d'indispensables éléments : c'est la méconnaissance de cette Trinité dans la nature universelle et dans l'homme en parti-culier que représentent précisément nos trois couleurs nationales.

Il en est autrement de la liberté, qui est bien l'ac-ceptation de tous, mais dans les conditions de l'ordre moral. C'est la pratique du libre arbitre, reconnu par les docteurs de l'Église, par saint Augustin, par saint Thomas.

La Liberté suppose la protection de l'Etat envers tout citoyen dans la mesure de l'ordre public ; la neutralité signifie plutôt son abandon dès qu'il n'a pas la faveur des hommes du pouvoir. *La neutralité est une voie d'exclusion et de persécution envers ceux qui restent fidèles à leurs principes.*

La liberté, néanmoins, ne peut faire autrement que d'avoir ses bornes. Dans le cas contraire, elle perd jusqu'à son nom, et s'appelle *la licence.*

La licence a toujours été fatale aux nations. Les républiques anciennes l'ont repoussée de leur sein ; et lorsqu'elles n'ont pu s'en défendre, les commotions intérieures et les invasions ennemies n'ont pas tardé, à cause du relâchement moral de leurs citoyens, à les assujettir à d'autres peuples.

Ah ! si le principe de l'homme lui appartenait en propre, il pourrait se tracer à sa fantaisie le cadre de son existence.

Mais tout nous rattache à un principe supérieur qui n'est pas en notre pouvoir, à qui il faut bien obéir, même malgré nous, en beaucoup de choses. Ainsi notre naissance ! ainsi le développement de notre âge dans ces états successifs ! ainsi nos maladies ! ainsi la vieillesse ! ainsi la mort !!!

Et non seulement nous sommes impuissants contre la loi naturelle, mais que de faiblesse dans notre être à notre naissance ?. . . . .

Il est donc de toute nécessité de nous fortifier par l'exercice contre nos penchants que les défectuosités de notre nature à travers un développement pénible font dévier sans cesse. Un mot dont nous ne pouvons biffer le sens : le mot de vertu, exprime la vie de l'homme de bien. Il y a les vertus religieuses, les vertus civiles, les vertus militaires : sans vertu, plus de patrie, plus d'honnêteté dans les relations sociales, plus de religion; mais l'affreux chaos dans lequel ont disparu les anciennes civilisations orientales et après elles l'Empire romain.

2. — Laissez donc, dirons-nous aux adversaires de l'idée religieuse, laissez à l'homme cet amour du Bien incréé, qui le soutient au milieu des mécomptes et des périls de la vie, et qui, au bout de sa carrière, quand tout lui échappe en ce monde, amène encore la paix dans son âme et le sourire sur ses lèvres devant la récompense de ses travaux qu'il espère dans une vie meilleure!

Respectez les convictions! la foi des cœurs! mais alors, n'en entravez pas le culte!

Toute foi est expansive, et cherche la propagande; quelle humeur chagrine vous porte donc à l'arrêter? Cette foi ne regarde que la conscience; elle n'a point pour objet les convoitises de la terre.

La religion catholique, par le dépôt sacré des plus vieilles traditions sur les principes du monde, a le premier droit à la pratique de son culte au nom de la liberté.

Que son enseignement, que l'enseignement du catéchisme, cette petite philosophie du peuple, ne soit donc plus une cause de scission dans les écoles!

Pourquoi en interdire l'accès au prêtre ?..... Parce qu'on aurait appris le catéchisme, s'en suivrait-il, civilement parlant, qu'il y aurait force obligatoire à en pratiquer les préceptes? L'expérience dément cette supposition.

Le catéchisme est au moins une petite science ; pourquoi la refuser au citoyen qui a une vie morale à accomplir.

Mais le prêtre lui-même n'a pas été épargné ; des lois maladroites l'astreignent au service militaire contrairement aux exemples de tous les peuples jusqu'à ce jour.

Sa vie est une vie d'abnégation et de dévouement. Que ce dévouement s'emploie au chevet des malades et à la consolation de toutes les infortunes, au lieu de porter les armes sur les champs de bataille ; qu'est-ce que ces différences nécessaires, peu considérables par le nombre, ont donc d'importance si grande au point de vue général des choses ?

Le niveau est une utopie dans la nature lorsqu'on prétend l'appliquer à autre chose qu'à la tranquillité de l'ordre.

Le prêtre a besoin de se tremper fortement dans les études sacrées ; il lui faut le recueillement ; il est ministre du Dieu de Paix.

Rationnellement, la vie des casernes et des camps est-elle propice à sa vocation ?

Vous tenez donc à armer ce ministre de la réconciliation des hommes entre eux, et des hommes avec leur Premier-Principe ? Vous voulez l'armer de ce fusil destiné à verser le sang de ses frères, de ses frères peut-être de la même patrie, comme notre siècle nous en a fait voir de terribles exemples ? . .

Mais on sait ce que veulent les adversaires de la Religion, c'est d'étouffer cette science sacrée, cette connaissance des premiers principes et du souverain bien.

Ils ne peuvent supporter la dévotion, surtout; et c'est là le motif de leur persécution envers les religieux.

De grâce ! considérez au moins si la dévotion, par les Sœurs de charité dans les hôpitaux, par les Missionnaires qui portent la civilisation aux peuplades sauvages, ne fait aucun bien dans le monde! !

Les dévots ne réclament pas la suppression des cercles et cafés ; s'ils ne sont que laïcs, ils n'ont pas même honte d'y pénétrer quand le milieu y est honnête.

La véritable liberté de conscience est de laisser la liberté à tous; mais pour que cette liberté existe efficacement, il y a des distinctions que l'on ne peut se dispenser d'admettre.

4. Le Christianisme, à l'amour spéculatif du bien connu de l'Antiquité, joignit trois vertus nouvelles : la liberté contre nos propres passions, l'humilité, et la charité.

Par la liberté à l'égard des causes secondes, le chrétien s'attache avant toute autre chose à son Premier-

Principe et à ses lois ; par l'humilité, il reconnaît ses fautes et il s'applique à son perfectionnement ; par la charité, il pardonne aux faiblesses d'autrui, il traite ses semblables en frères comme participants au même principe du Bien.

Sur ces bases, le Christianisme a régénéré le monde antique. Vous voulez l'affaiblir, le supprimer ?... Alors le monde retombe dans son paganisme ancien et dans les désordres moraux qu'il comportait. Comment voudriez-vous qu'il en soit autrement ?...

. . . .

Le paganisme ancien était de deux genres : il y avait le paganisme vulgaire, c'était celui des héros dont se forma l'antique Olympe ; et le paganisme scientifique, attribuant aux seules forces matérielles de la nature le fonctionnement de l'univers.

Le paganisme fabuleux a disparu avec ses croyances grossières, mais il n'en est pas de même du paganisme scientifique. Or, les maîtres en ce genre, dont les doctrines ont servi de règle et de modèle aux procédés de la science expérimentale de nos temps modernes par la seule voie des sens ; ces maîtres n'ont su empêcher le monde romain de tomber dans une corruption qui le livrera aux Barbares.

Le Christianisme brillait déjà à travers ces ténèbres de l'intelligence humaine ; mais de quelle violence ! de quelle cruauté dont le récit fait frissonner d'horreur n'usa-t-on pas envers les martyrs pour empêcher son expansion !

Le retour au paganisme est la voie qui ramène à

de semblables catastrophes ; nous ne l'avons que trop appris depuis un siècle !

Par une de ces inconséquences auxquelles nous sommes sujets, on a appelé réactionnaires ceux qui tenaient à la conservation du Christianisme, à sa marche progressive, malgré les obstacles qui l'ont souvent enrayé ; tandis que les partisans du Paganisme scientifique, reculant leurs systèmes jusqu'au delà de Jésus-Christ, étaient appelés les hommes du progrès ?

Le Christianisme, qui possède la vraie science des choses, a fondé la seule liberté praticable qui est la liberté de l'âme ; et il n'y en a point d'autre pour l'expansion du bien de tous.

Après les grandes déceptions de notre siècle dans l'ordre politique, les préoccupations se sont portées vers le Socialisme.

Le peu d'entente entre ses divers systèmes nous conduit mieux à examiner ses mobiles qu'à discuter ses formules.

L'équivalence entre les biens de la fortune n'est pas une aspiration nouvelle. Tout ce que l'on a pu faire, comme les lois agraires chez les Romains, a été dirigé plutôt contre ceux qui étaient regardés comme accapareurs de trop grands biens, qu'en vue d'égaliser la condition de tous.

On s'est heurté particulièrement à un insurmontable obstacle, qui, dans la variabilité des choses, et l'égalité n'étant pas dans la nature, donne pour penchant aux uns la dépense et aux autres l'épargne.

Les uns, voulant jouir immédiatement de leurs ressources, les dissipent ; les autres se complaisent à thésauriser. Comment niveler ces deux penchants ? On égaliserait aussi bien les montagnes.

Une voie plus praticable au socialisme est la voie industrielle. C'est évidemment de nos centres usiniers, de nos grandes agglomérations ouvrières, que sont sorties les théories modernes sur cette question.

Les ouvriers n'étant pas toujours d'accord avec leurs patrons, il a semblé qu'une industrie d'Etat serait plus avantageuse aux intérêts individuels que l'industrie privée.

Notre intention n'est pas de porter le découragement dans les efforts tentés pour obtenir un meilleur équilibre entre les conditions sociales ; néanmoins, un devoir de conscience nous prescrit d'indiquer le danger qui existe au fond du socialisme industriel : ce danger, c'est le fonctionnarisme.

Toutes ces utopies socialistes se brisent toujours au même obstacle, qui est de se représenter l'homme meilleur qu'il n'est. Dans la première simplicité, nos intentions sont ordinairement droites ; mais vienne l'ambition comme un torrent impétueux, et la lie de notre nature remuée jusqu'au fond en troublera la limpidité.

Si nous nous rappelons ce que nous avons lu d'Herbert Spencer, ce philosophe anglais moderne a déjà fait entendre ses gémissements sur les abus de la sociabilité.

D'accord avec les autres philosophes qui ont étudié l'action humaine dans ses diverses phases, il reconnaît que c'est à l'état sauvage que se trouve le maximum de liberté. En cet état, l'homme vit de chasse et de pêche, le sol qu'il foule à ses pieds n'appartient qu'à la nature inculte. Mais, dès qu'il commence à le cultiver, son intérêt s'y attache ; alors se produisent les rivalités, les convoitises, les contestations et les guerres. Par le commerce, se fait l'échange des produits : puis on pense à les transformer, et l'état industriel établit son règne en unissant les forces humaines au lieu de les entre-choquer. Mais là encore, les détournements, les fraudes, viennent troubler la chose publique.

Prenez garde, dirons-nous aux ouvriers, à ces picpockets d'Etat qui plongent leurs mains dans le trésor public renfermant les épargnes des travailleurs et jusque dans les capitaux des compagnies particulières !

Nous saurons les mettre à la raison, direz-vous ? Oui, n'est-ce pas ?... quand ils auront contre vous, par l'Etat, la force armée entre les mains. Vous amenez souvent à vos fins des patrons qui n'ont que leur droit personnel à faire valoir ; en sera-t-il de même quand ce droit s'appellera l'Etat ?

Certainement, la protection du pouvoir public est due particulièrement au travailleur. Nous plaignons ceux qui n'ont point d'humanité pour ces conditions sociales, dont la sueur quotidienne procure leur bien-être matériel aux favorisés de la fortune !

Mais, répéterons-nous, prenez garde de mettre contre vous la force même de l'Etat ; car, si vous n'enduriez pas ses injustices, alors, ce serait les émeutes, les incendies, *la destruction* de la société humaine !

Lorsque les intérêts de tous ainsi livrés aux mains les plus hardies et les plus habiles, ne se contre-balanceront plus les uns les autres, qui donnera l'honnêteté à ces puissants ?

La seule retenue encore effective serait dans la Religion, car celui qui craint Dieu sent une puissance au-dessus de lui. Mais on sait que les socialistes ne veulent plus généralement de la Religion.

CONCLUSION

Religion, — Propriété, — Famille : — telles sont les bases de la société humaine.

Il n'y a là rien de nouveau, penseront les politiques de roman, non de la réalité.

Mais que voulez-vous?... Pouvez-vous faire un nouvel être à la place de l'homme?

Ces bases sont donc :

1° La religion, parce qu'il y a dans la nature un principe de Bien qui se manifeste dans la fin de tous les êtres par leur développement, leur mouvement de formation vers l'état parfait.

L'homme, être rationnel, c'est-à-dire qui comprend les rapports des effets avec leur cause, est en outre doué du sentiment moral qui le fait tendre vers le Bien incréé.

2° La propriété, parce que sans possession il y a impuissance en toutes choses. Si l'homme ne possédait pas les facultés de son intelligence et de son cœur, il ne serait qu'un ignoble animal.

Mais il en est de même des ressources matérielles que son intelligence met en œuvre ; sans possession il ne pourrait s'en servir avec plénitude et efficacité.

3° La famille, parce que c'est la loi de nature, les êtres humains naissant les uns des autres par le concours des deux sexes. Mais l'homme étant un être moral, le premier devoir qui incombe aux parents est d'élever leurs enfants dans le sentiment du bien, et ils doivent jouir à cet égard d'une entière liberté.

Nous ne disons pas qu'il n'y ait point d'améliorations à réaliser. Nous pensons même qu'il y a beaucoup à faire, la perfectibilité humaine dépendant de l'application et du travail qui y sont donnés, et que c'est par là que tout homme parvient à une jouissance plus parfaite de la vie.

Il y a sous le rapport matériel une agriculture, par exemple, qui est encore à faire mieux valoir sur des portions considérables du sol français par des moyens qui augmentent l'abondance et la qualité des produits ; il y a un champ d'expériences à annexer aux écoles rurales, un enseignement primaire à rendre surtout pratique par le choix des matières enseignées ; enfin, une instruction morale dans laquelle on n'aura plus l'immense tort d'omettre les notions principales et religieuses.

Un Pouvoir politique qui, fidèle à cette maxime inscrite en tête de nos codes, — *l'égalité des Français devant la loi,* — exercerait une intelligente initiative au travail national et une sage protection envers tous les citoyens; ce Pouvoir réaliserait, sans contredit, de grandes améliorations sociales.

En ce qui concerne la forme du gouvernement, le programme proposé par M. Thiers (partie II, parag. 3), reste applicable à la situation présente : « Le fait qu'on m'a livré, que j'ai accepté en dépôt, disait-il, c'est la République : Je ne trahirai pas la République ! »

Or, réellement, qui sont ceux qui trahissent la République, si ce n'est ceux qui mal en usent ?.....

Nous voyons des républiques stables et prospères : les États-Unis d'Amérique, les autres républiques américaines, la République suisse, etc. ; mais dans ces républiques, on n'a nullement entendu supprimer la Religion.

Nous seuls, engoués d'un paganisme suranné, nous avons voulu faire revenir les vieux temps de la Grèce et de la Rome antique avec leurs ambitions, brigues, proscriptions, émeutes, guerres qui nous ont enivrés de la fumée de la gloire, mais pour nous faire éprouver des désastres inouïs après.

Dans la dernière période politique que nous venons de traverser, on a compris que la civilisation moderne réclame plus de douceur ; mais des deux partis qui se sont disputé le pouvoir en France, l'un qui en était maître n'a pas eu honte de s'en servir pour couvrir d'immunités de trop célèbres scandales financiers ; l'autre s'est coulé par les inconséquences de sa manière d'agir.

Or, ce n'est point sur le modèle de Robert-Macaire ou de Don Quichotte que l'on peut faire le salut de la France et le bonheur de ses citoyens.

Ce but, si désirable, ne sera atteint que lorsque, revenus de nos illusions, nous apporterons aux affaires publiques un peu plus de dévouement ; quand nous mettrons notre intérêt moins aux spéculations personnelles et davantage aux nécessités générales, un peu moins aux fêtes et aux plaisirs, et plus aux jouissances sérieuses : quand au lieu d'expédients plus ou moins illégaux et toujours vite épuisés, nous placerons notre recours, franchement avoué, en la Providence divine qui, en définitive, est la maîtresse des destinées du Monde.

Alors la République aura droit par le cœur aux suffrages de la majorité honnête des Français.

Mais si nous nous entêtons dans les faux errements qui ont entraîné notre siècle, ce ne serait ni l'Empire, ni la Monarchie, qui serait une meilleure voie, parce qu'il n'y en aurait pas de bonnes, et que sans foi religieuse il n'y a point de moralité tenable sous tous les régimes.

C'est à quoi auront à réfléchir les députés qui représenteront ces graves intérêts de la France dans la prochaine Chambre législative.

Et c'est ce qui nous a remis en mémoire, dans le prologue de ce travail, cette devise des anciens Stoïciens :

Summum bonum id est honestum.

(Le plus grand bien, c'est d'être honnête.)

Un Français de la région du Nord.

Le 11 août 1893.

TABLE

Émile Colin. — Imprimerie de Lagny.

9 782014 065206